Rodrigue AFIANKE

Les chemins du leader d'impact

Rodrigue AFIANKE

Les chemins du leader d'impact

Devenez prêts pour répondre aux exigences d'aujourd'hui et de demain en tant que leader contemporain.

Éditions Muse

Imprint

Cover image: www.ingimage.com

Publisher:
Éditions Muse
is a trademark of
International Book Market Service Ltd., member of OmniScriptum Publishing Group
17 Meldrum Street, Beau Bassin 71504, Mauritius
Printed at: see last page
ISBN: 978-620-2-29476-8

Devenez prêts pour répondre aux exigences d'aujourd'hui et de demain en tant que leader contemporain.

Rodrigue AFIANKE

Les chemins du leader d'impact

SOMMAIRE

Remerciements 4

Chapitre 1 5

Le chemin du savoir-faire

Chapitre 2 14

Empruntez le chemin du développement de la mentalité d'un leader

Chapitre 3 21

Le chemin de la concentration accrue sur vos objectifs - Apprenez à dire "NON"

Chapitre 4 33

Le chemin de l'éthique : Semez la redevabilité

Chapitre 5 43

Le chemin de l'attitude verte

Remerciements

Ce projet d'écriture qui est à sa phase de réalité est venu conforter ma conviction qu'il est un grand nombre de bienfaits quant on se lance dans le partage. Partage de ses idées, de ses expériences, de son expertise, de sa connaissance. Convaincus qu'il ya quelqu'un à un lieu donné qui a besoin de ce partage pour être débloqué dans une situation actuelle. Cela n'est pas aussi aisé, mais la satisfaction d'un accomplissement complet que l'on ressent à l'issu est plus grande. L'arrivée à cette étape a nécessité le concours indéfectible de plusieurs personnes ou acteurs, dont la détermination, l'engagement, la patience, les encouragements et les contributions ont été les réels vecteurs de cet aboutissement; sans eux, ce livre n'aurait peut être jamais vu le jour. Il s'avère donc important de reconnaître leur mérite en tout début de cet ouvrage.

Alors, c'est avec une grande joie et reconnaissance que j'exprime littéralement mon estime :

- À Dieu le tout puissant créateur du ciel, de la terre et tout ce qui y habite pour son guide quotidien
- À Amadou Chico SISSOKO pour sa disponibilité à m'accompagner et me débloquer sur toute question qui dépassait mon appréciation.
- À madame Vetrici Luminita pour sa disponibilité à m'aider et pousser à aller jusqu'au bout de ce livre.
- À Joël AMEYOU pour ces années de Mentoring et pour m'avoir appris sur la question de la redevabilité non seulement par son exemple mais encore par ses analyses en profondeur de ses fondements théoriques et pratiques.
- À toute l'équipe d'éditeurs des Editions Muse

Chapitre 1

Le chemin du savoir-faire

« Tu dois devenir l'homme que tu es. Fais ce que toi seul peux faire. Deviens sans cesse celui que tu es, sois le maître et le sculpteur de toi-même. »

Friedrich Nietzsche

Rien n'est plus admirable et enthousiaste au monde que de voir un dirigeant ou mieux un leader qui sait de quoi il parle, a la maîtrise de tous les contours des tâches qu'il donne. Sans considération de leur domaine, les maîtres sont des personnes dignes d'admiration. Les personnes qui ont répété les mêmes actions, gestes ou opérations des milliers de fois pour atteindre un tel degré d'expertise, forcent le respect et révérence.

Cette culture de savoir-faire ou de contrôle ou de maîtrise est omniprésente au Japon. Vous ne ferez rien au hasard chez le japonais. Tout est une question de processus allant de l'apprentissage à la maîtrise. Du simple forgeron à l'industriel ou même au cadre de l'entreprise. En regardant le forgeron japonais fabriquer des outils apparemment simples mais redoutablement puissants ou efficaces, les sens de tout cela se dessinent. On le retrouve bien souvent dans leurs divertissements. Le style le plus populaire de divulgation de cette culture est illustré à travers les mangas. Un manga est une bande dessinée japonaise en blanc et noir et aux codes graphiques particuliers. Il se présente sous la forme d'un roman (contrairement aux bandes dessinées occidentales) et se lit de la droite vers la gauche (sens de lecture japonais). Le mot est souvent traduit littérairement par « image dérisoire » qui pourrait traduire ainsi « un dessin au trait libre », « esquisse au gré de la fantaisie », « image malhabile » ou tout simplement caricature ou grotesque dans le sens de Leonard de Vinci. Le type de manga le plus connu est le « shõnen » qui est un manga destiné à un jeune adolescent, cible masculin. Le groupe d'âge cible varie selon les lecteurs individuels et les différents magazines, mais ils sont principalement destiné aux garçons âgés de 12 à 18 ans. Bref, c'est « une bande dessinée de garçon ». Le genre de shõnen le plus adapté à expliquer cette notion de maîtrise est le « nekketsu » qui bien souvent, traduit une idée générale de quête initiatique des personnages principaux, englobant des valeurs comme l'amitié, la fraternité, le goût de l'effort, l'esprit de groupe et le dépassement de soi. Généralement, l'objectif est bien souvent de suivre un adolescent dans le seul but qu'il devienne le meilleur ou maître dans son domaine.

Selon le dictionnaire Larousse, un maître est une personne qui possède à un degré éminent un talent, un savoir et qui est susceptible de faire école, d'être prise pour modèle. On parlera « d'un tableau de maître ». Dans les beaux-arts par exemple, c'est un titre donné aux artistes qui ont enseigné leur discipline, qui ont fait école ou ont acquis la célébrité. Court, une personne qui a mis les efforts nécessaires pour devenir excellent dans son domaine.

Les efforts, ça demandera assez, mais vous ne devriez pas oublier qu'il ya d'énormes avantages de devenir maitre dans votre domaine.

Quand les personnes que vous dirigez ou aspirez diriger, constatent que vous êtes chef dans ce que vous faites, que vous n'avez pas tendance à hésiter et qu'ils sont sûrs de sortir grands en vous suivant et en faisant ce que vous leur demandez de faire, cela fait de vous une personne de valeur ou de très précieuse. Notre monde d'aujourd'hui est devenu tellement ouvert, que même sur votre lit dans votre chambre, vous pouvez avoir toute information que vous voulez ou même avoir tout ce que vous voulez. Cette société contemporaine a besoin de gens très compétents pour faire confiance et les suivre. Donc si vous devenez experts dans votre domaine, il est très probable que vous gagniez très bien votre vie ou que vous arriviez à pouvoir influencer plus facilement les autres. En effet, si vous maîtrisez votre domaine, vous êtes capables de résoudre tous les problèmes. Vous comprendrez tous les contours de ce domaine ou de ce sujet et pourriez répondre à la moindre inquiétude dans les moindres détails. Vous comprenez les situations mieux que quiconque et vous pourriez vous adapter facilement à toute situation. Pour de telles compétences, les gens sont prêts à payer et à faire confiance au dernier degré. De telles compétences pointues et bien maîtrisées seront plus importantes encore dans l'économie de demain où les jobs qui requièrent moins de compétences seront délégués aux machines. C'est même possible qu'un certain nombre de degré d'expertise soit absolument nécessaire pour avoir un job dans le futur.

Deuxio devenir maître ou excellent dans votre domaine, vous donne un degré de motivation sans précédant et fou. Le stade de maîtrise est à la fois agréable et séduisant. Vous travaillez sans voir les heures passer. Vous faites plus de découvertes, votre créativité est à son pic et vous êtes bon dans ce que vous faites. Le voyage vers ce stade de maîtrise est lui-même motivant. Cette même motivation qui manque auprès de la plupart des gens. Quand les gens se confrontent à des inquiétudes auxquelles ils ont la peine à trouver de solution, la démotivation naît toute suite ou refait face. Par exemple, l'inquiétude ressentie par certains salariés est nourrie par le sentiment répandu que non seulement leur métier va évoluer -soit qu'il sera de moins en moins exercé, ou qu'il aura disparu- mais aussi qu'il leur sera difficile de rebondir. Dans ce contexte, les salariés se montrent réservés sur leur avenir mais ceux qui sont chefs dans leurs domaines ne sont inquiétés aucunement. Car ils savent que l'évolution n'est qu'une opportunité de s'affirmer face au monde. Certains sont plus motivés que d'autres. Cette différence de motivation vient de deux(02) différents types d'approches du travail selon une théorie présentée par Richard Deci en 1975 et enrichi par Deci et Ryan respectivement en 1985 et 2002. On a d'un côté l'approche de l'artisan ou de l'entrepreneur individuel qui trouve son plaisir dans le travail lui-même. Parce qu'il l'apprécie, le trouve intéressant ou le considère comme quelque chose d'important. L'action est conduite uniquement par l'intérêt et le plaisir que l'individu trouve à l'action, sans attente de récompense externe. C'est ce qu'on appelle la motivation intrinsèque. De l'autre côté, on a l'approche de l'employé qui trouve son plaisir dans ce que le travail va lui apporter. L'action est provoquée par une circonstance extérieure à l'individu (punition, récompense, argent, statut, voiture de société, pression sociale, obtention de l'approbation d'une personne tierce etc.). Ce qui est une motivation extérieure appelée par Richard la motivation extrinsèque. Les dernières études sur la motivation montrent que la motivation intrinsèque est bien plus supérieure que la motivation extérieure ou extrinsèque ; A travers cette recherche de l'excellence, certains trouvent bien plus qu'un travail. Ils trouvent une vocation, un but de leur vie sur terre; ce qui leur donne une grande motivation et un réel sens à leur vie.

Troisio, devenir maître dans votre domaine, c'est un processus réformateur. Quand vous vous engagez à devenir maître dans quelque chose, vous devez vous attendre à changer en tant qu'individu. A travers les efforts que vous allez faire, vous allez découvrir ou apprendre des compétences nécessaires et essentielles comme la discipline ou l'organisation. Au fuir et à mesure, vous allez gagner aussi la confiance en vous et devenir celui qui sait qu'il est bon ou excellent en quelque chose. Aussi en développant vos compétences dans certains domaines pointus, vous augmenterez votre compréhension de quelque chose de très spécifique. Ces nouvelles connaissances pourront ensuite être appliquées à autres choses, développant votre compréhension du monde. Toutes ces compétences que vous serez amené à apprendre, vous feront grandir en tant qu'individu. Les avantages sont clairs et nets.

Le problème, c'est que nous vivons dans un monde qui aime les raccourcis. De plus, certains répondront qu'il ne sert à rien de devenir chef dans son domaine ou de vouloir devenir chef dans son domaine. Parce que c'est un niveau qui est réservé aux chanceux, aux génies innés et à ceux gâtés par la nature. Ou mieux, cela n'est pas donné à tout le monde.

On est amené alors à se poser la question, si tout le monde peut devenir un maître.

Il ya deux(02) penchants sur la question : on a d'un côté l'école de la loterie génétique qui dit que les génies sont nés et l'école de la théorie des dileurs qui dit que les génies sont faits. La théorie des dileurs est basée sur les études d'Anders ERICSON publiée en 1993 et popularisé par Malcolm BLADWELL dans son livre intitulé "Out liers", et par la suite largement controversé, car elle est liée à la question ancestrale. Qui de l'innée ou de l'acquis est plus important pour définir ce que va devenir une personne. Si vous ne la connaissez pas, elle dit que n'importe quelle personne possédant un minimum de talents peut devenir "maître" dans n'importe quel domaine en s'entrainant pendant 10 000 heures. Il a en effet développé des arguments solides pour cette règle.

En premier lieu, la fameuse étude d'Anders ERICSON où on a vu que les meilleurs joueurs de violon d'une académie ont développés leur talent avec 10 000 heures d'entraînement contre seulement 8000 pour les bons joueurs et même pas 5000 pour les moins bons. Aussi, les découvertes de John Hayes, professeur de psychologie qui a étudié les créatifs les plus talentueux de l'histoire pour déterminer combien de temps cela leur a pris de devenir maître dans leur domaine. En étudiant plus spécifiquement les meilleurs compositeurs, il a découvert qu'il leur a tous fallu plus de 10 ans pour sortir leur premier chef d'œuvre. Ou encore les résultats des études menées sur des joueurs d'échecs par William Chase et Herbert Simon qui ont trouvé qu'il n'ya pas d'expert instantané aux échecs ; il ya aucun cas de personne ayant atteint un niveau aussi avancé sans une dizaine d'années de jeu ou traduit en heures entre 10 000 et 50 000 heures. L'entrainement est donc très important. Même s'il ne demeure pas la seule variable ; Et que certains peuvent devenir maitre plus tôt que d'autres. Quant on prend en compte certains facteurs tels que l'âge auquel la personne commence, plus on commence jeune, plus on devient maître tôt ; le corps avec lequel la personne est née ; il ya une raison pour laquelle les meilleurs athlètes dans le sport ont tendance à partager certaines caractéristiques communes ; l'excellente taille au basket, la confiance en soi, la motivation, l'envie, la capacité à être agressif(combativité, la rage de vaincre), les capacités énergétiques et cardio-vasculaire, les capacités musculaires etc. Ceux-ci ne sont pas des facteurs exclusifs mais jouent un rôle très important.

Enfin, la génétique de la personne. Pas que la caractéristique physique de la personne mais aussi celles mentales. Vos gènes ont un impact important sur le traitement des informations visuelles court terme et même votre détermination et votre envie de vous entrainer. Dans les dernières décennies, les généticiens comportementaux ont découverts que nos gênes influencent presque tout notre être humain.

Au final, c'est quoi le plus important pour maîtriser son domaine ? Talent ou travail ? Au vue des informations que je vous ai présentées jusqu'ici, il est très probablement question des deux. Les deux ont un impact certain sur le développement de votre potentiel. Et ce que vous allez faire de cette information dépend de vos ambitions. Sachez tout de même que le touche à tout ne fera pas de vous un maître. Vous divergerez naturellement vos énergies et votre concentration. Au finish, vous n'atteindrez pas le niveau voulu. Mais, si vous voulez devenir le meilleur mondial, si vous voulez faire partie des 1% des meilleurs dans votre domaine, vous aurez avoir besoin de beaucoup d'entrainements et de vous diriger vers un domaine où vous avez du talent naturel. Egalement, si vous voulez seulement être meilleur, être dans les meilleurs 10 % de votre domaine, une grande quantité de travail pourrait être bien suffisante même si vous n'êtes pas talentueux à la base. Tout le monde n'a pas besoin de devenir le meilleur. Les bénéfices que nous avons vus plus tôt, s'appliquent à ceux qui sont parmi les meilleurs. Ce niveau est donc suffisant pour la plupart d'entre nous.

En gros, comment devenir maitre dans son domaine ?

1. Il faut de l'entrainement, mais pas n'importe quel type d'entrainement. Il faut un ajustement continu de votre application. Et non une répétition légère de votre travail. Certains l'appelleraient "entrainement délibéré" qui se distingue de l'entrainement classique ; et il ya trois(03) éléments qui le distinguent de ce dernier ; d'abord, il est systématique. Définissez votre compétence générale à atteindre. Divisez-la en différentes sous-compétences ; atteindre une après l'autre chaque sous-compétence. Prenons l'exemple de quelqu'un qui veut devenir une référence parmi les avocats (juriste). Il lui faudra d'abord planifier son cursus. Faire les études de droit où je sortirai major de ma promotion, commencer à faire des stages périodiques dans les cabinets d'avocats afin d'acquérir d'excellentes aptitudes rédactionnelles et maîtriser les procédures à partir de la troisième année de licence, passer au moins 30 heures par semaine à la bibliothèque en lisant des livres de droit et des histoires des meilleurs avocats de tous les temps, intégrer le barreau juste après la maîtrise, trouver un mentor qui a une ancienneté de 15 ans au moins en tant qu'avocat, etc. Ensuite, il requiert un niveau de concentration élevé ; le contenu de ce type d'entrainement doit se trouver juste en dehors de votre zone de confort. Vous n'auriez plus droit à la

divagation ni à la perte de temps ou énergie inutiles. Là où vous êtes aujourd'hui n'a aucun lien avec votre rêve de l'excellence. Vous devriez transcender votre vous actuel pour sortir ce maître qui sommeille en vous. Vous savez, nous nous plaisons souvent dans notre situation actuelle et cela nous amène très souvent à perdre de vu nos objectifs puis finir dans la médiocrité. C'est justement ce que j'appelle la voie de l'irresponsabilité. Et c'est celle empruntée par la majorité qui se plaisent dans leur confort et ne dessinent aucune envie de l'excellence, par ce que cette voie est plus simple au premier abord. Vous n'auriez aucune pression de faire mieux, vous n'auriez pas à suivre une discipline donnée pour atteindre des objectifs quotidiennement ; ce que vous avez là vous suffit largement vous y êtes content. Aller à l'école, avoir un diplôme, trouver un travail, avoir une femme et des enfants, se lever et aller au boulot chaque matin, revenir le soir, avoir le dîner en famille, regarder le journal, s'en dormir et la routine recommence l'autre matin jusqu'à un moment qu'on appelle la retraite ; vous êtes très fiers d'avoir servi dans telle grande entreprise, pour l'état ou autre, en n'oubliant que tous ces systèmes dans lesquels vous avez travaillé ont été mis en place par des gens, qui arrivés à un moment, se sont sacrifiés à élaborer des principes sur lesquels vous avez travaillé durant toute votre vie ; et là vous restez à la maison ou dans une maison de retraite en attendant la mort. Les grandes révolutions, les grandes réalisations, les grandes inventions que nous avons connus et qui continuent par changer le court de l'histoire n'ont jamais été l'œuvre de ce genre de personne. Non ! Même s'ils l'ont été, arrivés à un moment, la décision était importante de changer soi-même, de se sacrifier soi-même, d'arriver à s'hisser au sommet de leur domaine pour changer le monde et inciter une révolution dans ce domaine là. Cela a été le cas de Steve Jobs pour qu'on le reconnaisse aujourd'hui comme un pionnier de la révolution des ordinateurs personnels ou même du célébrissime révolutionnaire anti-apartheid Nelson Mandela qui, ayant eu la victoire sur la discrimination raciale qui régnait en Afrique du Sud, a fini premier président noir de l'Afrique du sud ; Mandela était avocat de profession. Ce confort lui était assez suffisant pour ne pas vouloir se lancer dans une lutte qu'ont essayée plusieurs de ses ancêtres sur des décennies sans succès. D'ailleurs, cette lutte lui coutera 27 ans 6mois et 6jours d'emprisonnement. Mais aujourd'hui, il est devenu une icône. Les jeunes informaticiens n'auraient pas peut être la chance de connaître ce grand talent qui existait en Bill Gates et qui a donné Microsoft, s'il avait décidé de rester juste Bill Gates comme un nom commun. Il a fallu que toutes ces personnes prennent leur responsabilité. Etre responsable est sans doute la tâche la plus difficile dans laquelle vous puissiez vous engager. Mais cela en vaut la peine. Et, vu que vous forcez votre état actuel à passer d'une étape 1 à une étape 2, vous auriez besoin d'une concentration très élevée. Toute source de distraction doit être bannie dans cette étape. Sources de distraction physique ou digitale. Les rencontres et sorties qui ne s'alignent pas sur le chemin de vos objectifs, les réseaux sociaux, la télé etc. C'est ce qui distingue les activités automatiques de l'entrainement. Quand vous conduisez par exemple, vous pourriez faire d'autres activités connexes telles que s'arrêter un moment pour prendre une glace, jouer de la musique, filmer en direct votre trajet et le partager sur vos réseaux sociaux etc. Par contre, s'il s'agit d'un entrainement tout cela doit être oublié si votre objectif est d'atteindre l'excellence.

Enfin, avoir du feedback régulier sur lequel vous allez ajuster votre entrainement. L'idéal est d'avoir un coach compétent qui vous suit. Si ce n'est pas possible, trouver une variante qui vous permet de mesurer vos avancées, par exemple combien de pages de votre projet vous devriez écrire avant une pause. Vous pouvez également vous auto évaluer ou demander des feedbacks à vos proches.

Les professions sont plus complexes que des compétences isolées. Toutefois, c'est le même principe. Les professions ne sont qu'un amalgame de compétences isolées ; le problème avec les professions, c'est qu'on ne laisse aucun temps pour s'améliorer. Ou aucun temps n'est laissé aux employés par l'employeur de s'améliorer ; on doit toujours travailler sur quelque chose ; on est toujours enfermé dans la contrainte de gain et de temps. Il ya des engagements par ci, des deadlines par là, des projets par ci. On est sans cesse dans ce qu'Edouard Bry Senior appelle la zone de performance. Dans cette zone, le but est de maximiser la qualité de nos performances maintenant. Par conséquent, on se concentre sur ce qu'on a maitrisé pour diminuer au maximum les erreurs. C'est un environnement peu propice à l'apprentissage, mais c'est tout à fait normal.

C'est tout le contraire de la zone d'apprentissage. Ici, on est autorisé à faire des erreurs ; car le but est de s'améliorer dans notre travail ; et par conséquent, d'améliorer nos compétences futures. Et c'est dans cette zone qu'on pratique l'entrainement délibéré. Par contre, pour devenir expert dans son domaine, il est nécessaire de passer du temps dans les deux zones. Ce qui est plus facile à faire quand on est freelance, entrepreneur indépendant, artiste, communicateur, animateur, activiste etc ; car vous contrôlez votre emploi du temps. Ça peut être difficile en temps qu'employé ; mais cela n'est pas impossible ; il faut convaincre son employeur de l'utilité de son entreprise que vous ayez des périodes pour apprendre ; en conséquence, vous deviendrez un meilleur élément, plus productif et donc rapportant de meilleurs revenues à votre entreprise.

Bref, l'entrainement délibéré est capital. Même si nous avons vu plus haut que vos gènes influencent vos compétences, influencer ne veut pas dire déterminer ; nous naissons tous avec les mêmes chances et donc peu importe vos gènes, à vous de voir comment vous voudriez les utiliser. S'entrainer pour devenir meilleur ou s'apitoyer sur votre sort. La réponse est dans vos mains ;

Dans le passé, seuls quelques personnes de l'élite ou dotées d'une énergie surhumaines pouvaient s'engager dans la carrière de leur choix et parvenir au succès ou la maîtrise. Il fallait naître dans une famille de militaire ou de responsable politique. Etre choisi parmi ceux de la bonne classe. Si un autre faisait preuve de motivation et talent pour ce type d'activité, c'était en général une simple coïncidence. Des millions de gens qui ne faisaient pas partie de cette classe sociale, du bon sexe ou du bon groupe ethnique étaient rigoureusement empêché de répondre à l'appel de leur vocation. Et ceux qui voulaient poursuivre leur propension, l'accès aux informations et connaissances relatives à un domaine donné était contrôlé par les élites. C'est pourquoi il y avait si peu de grands maitres dans le passé et qui se distinguaient de façon éclatante. Toutefois, les bannières politiques et sociales ont pour la plupart disparu. Aujourd'hui, on a la liberté et l'opportunité d'avoir large d'accès à l'internet où nous pouvons trouver facilement la connaissance dont seulement dans le passé, il était donné aux grands maîtres d'avoir accès. Alors vous avez tous les moyens votre disposition.

Chapitre 2

Empruntez le chemin du développement de la mentalité d'un leader.

« Un vrai leader est autonome, il a le courage de prendre des décisions difficiles, il a de la compassion pour ceux qui ont besoin d'être écoutés. Il ne cherche pas à être un leader, mais il le devient grâce à la qualité de ses actions et l'intégrité de ses intentions. »

Douglas Macarthur

Si vous ne possédez pas ceci, votre impact ne sera que chimérique. Vous pourriez certes disposer de tous les moyens, d'une maîtrise hors norme de votre domaine ou de ce que vous faites, mais il est important pour vous de cultiver et d'avoir la mentalité d'un leader. Sans cela, tous vos efforts ne vous pousseront pas à sortir du lot et réaliser une influence permanente et réelle sur vous-même et sur votre entourage. Il s'agit d'une école classique mais d'actualité pour ceux qui aspirent prendre le leadership dans le monde d'aujourd'hui et du futur. La plupart des leaders connus ont en commun ces qualités et qu'on pourrait même qualifier d'intrinsèquement liées à leur nature de leader. Ils ont tous des traits de personnalités fortes.

Afin de fixer le point de vue des personnes à ce sujet, j'ai réalisé un sondage auprès de cinq cent (500) personnes. D'abord la masse : toutes personnes confondues sans distinction aucune, mais qui n'occupent pas des positions d'influence ou d'impact dans leurs communautés. Au total deux cent. J'ai travaillé ensuite avec des jeunes engagés dans divers domaines (technologies, société civile, activistes, agrobusiness, entrepreneurs, juristes, majors de promotions universitaires, capitaines de jeux sportifs, de grands athlètes etc), au total trois cent (300). Le premier groupe considère unanimement que pour atteindre un niveau élevé dans la société ou une position d'influence où on dirige, où on est crié, où tout le monde nous suit où on se fait suivre des foules, soit cela est inné pour vous, soit il vous faut forcement faire quelque chose non conventionnelle. Soit vous êtes passé par la corruption, soit faire partie de grands réseaux qu'ils nomment sectaires, soit même pour certains "vendre son âme au diable" ou mieux faire un pacte avec le diable. Vous remarquerez que de nos jours cela est devenu plus qu'une règle absolue et normale : Si vous percez dans votre domaine, si votre business marche bien ou si vous devenez une star dans la musique, le sport ou tout autre domaine, vous avez inexcusablement passé le cap du diable. Par contre, pour le second groupe constitué de jeunes engagés dans divers domaines (technologies, société civile, activistes, agrobusiness, entrepreneurs, juristes, majors de promotions universitaires, capitaines de jeux sportifs, de grands athlètes etc), sur un échantillon de trois cent (300) personnes, plus de 90% affirment que sortir du lot et développer des traits de caractères exceptionnels qui reçoivent la reconnaissance et l'adhésion du groupe, constitue l'aboutissement d'un long processus pavé de plusieurs paramètres. Il n'a jamais s'agit d'un chemin tracé, facile à emprunter. Même si 6% ont considéré leurs accomplissements comme le résultat d'une vocation et 4% y sont parvenus par un simple processus d'évolution hiérarchisée, ils sont à 100% unanimes sur le fait que garder cette position de leader et continuer par demeurer cet exemple, nécessite un travail perpétuel sans "cesse rebondissant". Rien n'est au hasard. D'autres en racontant leur chemin parcouru, les échecs qu'ils ont essuyé, les obstacles qu'ils ont surmonté, d'où ils sont parti etc, ça ne donne pas le courage de suivre leur pas. Pourtant c'est le prix à payer pour devenir le leader dans votre domaine.

En lisant les biographies de tous ces grands noms qui ont marqués l'histoire de l'humanité (Nelson Mandela, Mahamat Gandhi, Steve Jobs etc), en écoutant les parcours de tous ces jeunes leaders, on se rend compte à l'évidence d'une chose, Ils partagent tous des traits de caractères communs : ils ont tous des traits de personnalités fortes.

Je ne sais pas à quel niveau tu es aujourd'hui. Mais en prenant pour acquis les traits de personnalité que tu possèdes, tu n'envisages pas toujours les moyens de développer et d'améliorer ton caractère. Certains traits caractéristiques d'une personnalité forte exigent un effort constant avant qu'ils ne deviennent vraiment une partie de toi. Si tu es prêt à travailler dur, tu pourras emprunter le chemin vers une meilleure version de toi-même.

Une étude psychologique a récemment été menée à l'Université de l'Etat de l'Ohio aux Etats Unis d'Amérique. Il s'est avéré que les plans de carrière sont en partie influencés par le niveau d'estime de soi. Soixante sept (67) étudiants de premier cycle avec une majeure en psychologie ou en commerce ont participé à cette étude. Les résultats ont révélé que plus les étudiants étaient encouragés par leurs professeurs, plus ils avaient des rêves ambitieux pour l'avenir. Croyez-y vous-même ! Vous n'imaginerez jamais les potentialités que vous regorgez. Sans exagérer, je peux vous dire même que quand vous arrivez à exploiter toutes ces potentialités, Dieu le tout puissant vous applaudira depuis où il est. Les gens ont tendances à se prendre la tête pour tout ; à toujours chercher à avoir l'approbation des autres pour ce qu'ils font ou veulent faire ; à toujours attendre un "que vont-ils dire par la suite ? ". La bonne nouvelle que je vous apporte est que, que vous fassiez ce que vous voudriez faire ou non, il y en aura quelqu'un à côté qui vous fera ce que vous redoutez le plus : vous critiquer. Alors, si ce que vous voulez faire n'a rien de gênant pour votre conscience, avancez ! Les critiques, on en avisera après ! Je vais partager ces cinq(05) techniques qui constituent les clés de travail pour l'augmentation de votre confiance en vous que j'ai eu la chance de découvrir récemment dans un webinaire d'un de mes mentors et qui vous aidera à avoir ou renforcer vos traits de caractères efficaces de leader.

La première clé est de faire de petites choses qui augmentent votre estime de vous-même et qui renforcent votre sentiment d'accomplissement.

C'est le fait de faire de petites choses qui, cumulées, consolident votre estime de soi. La science montre aujourd'hui que le simple fait de bouger, le simple fait de se mettre en mouvement crée de l'énergie et a tendance à nous pousser à faire d'autres choses. Par exemple, en vous résolvant de vous lever dès maintenant chaque matin à 5h et aller courir 5km, ou prier, faire le ménage, faire votre petit déjeuner vous-même, paraissent comme des actions petites et sans valeurs, mais qui renforcent votre discipline personnelle et par conséquent votre estime en vous. Dites-vous que cette petite chose que vous avez à faire, constitue un préalable non négligeable pour passer à une autre activité de la journée, ainsi de suite pour toutes les autres activités. Le fruit est que vous finissez cette petite activité de courte durée, ça vous rend fiers de vous. Ça peut être toute autre chose, finir un projet, ranger votre bureau, faire vos abdos, finir votre comptabilité etc. Et le fait de répéter cela pendant une semaine, un mois ou plusieurs mois va contribuer à renforcer votre confiance en vous-même et à croire en vos capacités, talents et compétences.

La seconde clé est d'entraîner votre cerveau.

La grande partie de notre cerveau est influencé par ce qui ne va pas, les dangers ou ce dont on a peur. D'ailleurs les médias l'ont si bien remarqué et la plupart de l'information passée sur les médias ne vend que la négativité dans le monde. Des guerres ou des risques de guerre par ici ou par là, l'augmentation exponentielle du chômage, les risques de toute sorte, les brouilles entre états, entre dirigeants sans toutefois reconnaître les évolutions consenties de jour en jour. Un manque de gratitude totale qui pollue continuellement les cerveaux. Et donc beaucoup de personnes en parlent comme un problème. C'en est pas un. Je crois que tout ce qu'on a, tout ce qui nous entour est là pour nous servir. A chacun de savoir comment l'utiliser ou s'en servir. Donc il est important de prendre les règnes de son mental, les règnes de son cerveau, de sa vie, avoir le contrôle de sa vie. Cultiver un grand niveau de discernement et entraîner son cerveau à cet effet. Nous avons tendance aujourd'hui à être soumis au biais de la négativité qui avait beaucoup de sens dans le passé. On a besoin d'entraîner le cerveau à comprendre et discerner ce qui va et ce qui ne va pas. Le fait simplement chaque soir de faire un petit bilan de 15min avant de se coucher en se demandant qu'est ce qui a été merveilleux au cours de cette journée et qu'est ce qui a évolué vers l'atteinte de mon objectif, mes moments de partage, de grande sensation, de succès et même de leçons que d'autres appellent échecs, vont permettre à ton cerveau de s'équilibrer et de savoir comment fonctionner dans l'avenir face à telle ou telle situation. Quand vous le faites régulièrement, la croyance que vous réalisez chaque jour quelque chose dans votre vie et que vous pourriez faire mieux dans le futur, augmentera considérablement votre confiance en vous.

La troisième clé est de te mettre dans des circonstances qui te favorisent le dépassement de soi.

Tout le monde se sent à l'aise quand il est seul et se croit mettre du monde. Un chef qui impose son point de vue et que tout le monde suit à la lettre, qui ne requiert aucune critique. Qui pense que tous ceux qui me critiquent sont contres moi ou même ne veulent pas mon évolution ou sont jaloux de moi. Ça, c'est tout le monde. Mais vous, si vous voulez faire la différence, vous devriez vous considérer comme un fer. Aucun forgeron ne peut donner la forme qu'il veut à un fer sans l'avoir passer au feu. Vous devez vous frotter au feu, frottez avec des gens qui vous critiquent constamment. Cela ressortira en vous le vous-même et vous permettra d'avoir un meilleur de vous-même. Le désir de toujours mieux faire, la sensation d'insatisfaction continuelle sont les bons chemins pour atteindre le niveau élevé vous permettant de sortir du lot et d'assumer complètement. Vous devriez vous mettre dans des contextes qui favorisent le dépassement de soi. Ayez des gens à vos côtés que vous considérez comme des modèles, des mentors ou coachs qui sont capables de vous dire toujours "tu peux mieux faire, je crois en toi". Un sportif par exemple, il a un peu de tout. Un entraineur physique, technique, un coach, des mentors. Et ceux qui sortent du lot sont ceux qui, à côté de tous ces atouts, aspirent à dépasser le meilleur dans leur discipline, travaillent à atteindre son niveau et travaillent plus pour les dépasser. Mais si vous arrivez à un moment où tout le monde dans ce contexte là vous considère comme le meilleur, sachez que vous avez fini votre temps dans ce milieu là, dans cette classe là et que vous ne pourriez plus développer d'autres aptitudes de vous surpasser en continuant votre course avec ces mêmes personnes. Cherchez un contexte plus élevé et frottez avec l'excellence. Vous pourriez continuer par battre votre propre record, mais l'influence ne sera plus la même. Toutefois, votre estime en vous explosera et vous deviendrez comme un Train à Grande Vitesse (TGV) en vive allure.

A côté de cette arène de dépassement de soi, le chemin le plus sûr encore est la formation. La lecture : combien de livres lisez vous par semaine, par mois, par an ? A combien de séminaires participez vous pour 'aiguiser' vos facultés dans votre domaine ? Vous y rencontrerez des gens qui ont déjà fait le chemin que vous voudriez faire et vous diront d'avance les risques et obstacles que vous rencontrerez et comment vous y préparez.

La quatrième clé est la projection dans le monde de vos rêves déjà réalisés.

Quelle satisfaction de se rendre compte qu'on a réalisé un rêve ? Se voir champion du monde de judo dans le futur, se voir Président de votre organisation dans le futur, se voir avec sa conjointe et ses enfants dans sa maison de rêve dans le futur, se voir en train de conduire sa voiture de rêve dans le futur.

Quant on est enfermé dans le présent, on ne voit que ce qui nous entour et les difficultés qui vont avec. Source de grande démotivation et découragement. On est bloqué à ne plus voir loin. Cela vaut également pour quelqu'un qui est à un niveau élevé de sa situation actuelle. Il est bloqué et croit que le monde s'arrête là. Il suffit de faire une pause et de voir dans le futur ce qu'on peut encore offrir à soi-même, à sa famille, à ses amis, au monde, et vous aurez à nouveau le désir d'empresser les pas. Je ne voudrais aborder le sujet du point de vue commun où on parle de visualisation, de loi d'attraction ou de croire et cela va arriver etc. c'est un autre sujet. Ce que je vous invite à faire est de vous demander qui vous rêver de devenir ou de quelle vie vous avez envie pour vous-même, vos proches, votre communauté, le monde entier? Le seul fait de vous poser cette question vous donnera assez d'énergie et vous redonnera les sources émotionnelles nécessaires à vous surpasser et à rallumer la flamme de votre confiance en vous.

La cinquième clé et pas des moindres est celle d'apporter de la valeur à quelqu'un.

Faire des efforts pour servir d'autres êtres humains. On ne peut être qu'heureux quant on fait la différence dans la vie de quelqu'un. C'est simplement cette capacité d'imaginer les sentiments des autres, anticiper et agir au besoin. Ce qui induit que vous devriez développer un grand sens de compassion. Vous devriez arriver à trouver non pas les différences entre vous et les autres, mais aussi ce que vous avez en commun avec eux, vous mettre dans leur peau dans chaque situation et vous demander ce que vous aimeriez que l'autre fasse si vous étiez dans cette situation. Vous avez en face de vous une femme âgée qui transporte des bagages lourds, proposez lui votre aide. Vous avez un talent particulier ? Partagez-le avec d'autres. Sortez votre guitare dans le bus à 18H et faites de l'acoustique. Vous récolterez le sourire des gens fatigués et déprimés. Aidez votre collègue à finir son travail qui pèse sur lui depuis une semaine maintenant. Allez apprendre à parler en public aux jeunes de votre école. De la décision de le faire à la réalisation en passant par la préparation, un sentiment de confiance vous animera et vous vous sentirez en train d'apporter un plus dans la vie de quelqu'un, de faire la différence dans la vie de quelqu'un, d'une fondation, d'une entreprise.

Chapitre 3

Le chemin de la concentration accrue sur vos objectifs - Apprenez à dire "NON"

« Pour dire oui, il faut apprendre à dire non. »

François Mitterrand

L'une des choses les plus difficiles pour l'être humain en général est d'arriver à dire NON. Pourras-tu m'accompagner à dire bonjour à Jean-Luc ? Vous êtes tout de même occupé, ou avez un rendez-vous tout à l'heure, ou avez un exercice que vous avez prévu faire au même moment ou même vous avez juste envie de rester où vous êtes et de ne bouger pour aller nulle part. Pourtant, vous serrez porté par cette chose, qui vous poussera, vous guidera, prendra possession de votre "vous-même" pour juste accepter ou répondre par OUI. "Oui, cela ne me dérange pas" ou "oui, pourquoi pas ?" ou "Oui, laisses-moi fermer mon cahier, mon ordinateur, éteindre ma télé etc pour qu'on y aille". Cette "chose" n'est que la résultante de votre "surmoi" instable ou indécis que j'appelle "effacer soi-même son existence de la vie". Certains l'appelleront le désir de plaire à l'autre ou s'efforcer à ne pas déplaire aux regards des autres. Le regard des autres, c'est justement de quoi il s'agit. Que dira-t-il quand je dis NON ? Comment se sentirait-il si jamais je refusais ? La très bonne nouvelle est qu'à 95% des cas, ce que vous redoutez en acceptant la sollicitation de l'autre tout en sacrifiant votre réel vouloir de ce moment là, n'arrive presque jamais. Et rassurez-vous, il ne va pas mourir ou quitter la ville juste à cause de votre "non". L'univers est plein de bontés. Si vous ne le faites pas, quelqu'un d'autre le fera, ou même votre sollicitant trouvera lui-même de solution à son besoin du moment. D'habitude, toute personne a un second plan en tête quand elle vous demande quelque chose ou vous sollicite. Si celui-là a réellement envie de réaliser ce qu'il vous demande, votre petit non ne sera jamais un frein à cela. Toutefois, un NON sec sans explication ou motif valable serait une manifestation avérée d'inimitié, de méchanceté ou d'hypocrisie. NON fait partie de la consolidation des valeurs relationnelles comme OUI. Mais, conscient que les gens sont mieux préparés à recevoir un OUI qu'un NON, vous devriez vous apprêter à dire à l'autre pourquoi vous déclinez son offre ou sollicitation. Le cas contraire, votre réponse s'apparenterait à une méchanceté ou dégoût à l'égard de l'autre. L'humain demeure humain peu importe son niveau de compréhension ou d'appréhension des évènements. Vous êtes libres de dire oui ou non à l'autre tout comme l'autre est en droit de savoir pourquoi vous acceptez vous engager sur ce coup là avec lui ou refuser de vous y engager. La situation dans laquelle je remarque très souvent cette peur de dire NON est dans les relations amoureuses. Deux personnes qui viennent de tomber amoureuses l'une de l'autre se retrouvent dans la difficulté de refuser quoi que ce soit à l'autre de peur de le ou la blesser ou pire de perdre son amour. De sorte que même contre son gré, on accepte faire des choses qu'on aimerait jamais voulu faire ou qui sont contres ses valeurs propres. Vous me direz que c'est l'amour. Je n'en disconviens pas, mais le vrai amour est celui qui se manifeste dans l'exposition à l'autre de quoi on est réellement dès les débuts de la relation. Demeurez vous-même ! Vous n'avez pas besoin de changer quoique ce soit pour gagner l'amour de l'autre. Si l'autre tombe vraiment amoureux de vous, que vous soyez pauvre, paresseux, brouillon, amoureux de la piété, extraverti, intraverti, élégant ou non, sexy ou non, il ou elle restera. Mais s'il ne vous aime pas vraiment, il partira. Et c'est tant mieux pour vous. Car si vous vous obstinez à changer ce que vous êtes juste pour plaire et attirer l'autre, la conséquence est simple, claire et se manifeste toujours : Au moment où vous vous mettez ensemble, « chasser le naturel, il revient au galop », votre vous-même sortira que vous le veuillez ou non. Votre conjoint ou conjointe le découvrira et n'ayant pas appris cela dans la période d'apprentissage où vous appreniez à vous connaître, la suite n'a jamais été agréable. Je le répète, demeurez vous-même et dites lui NON si vous ne pouvez ou voulez une chose et simplement OUI si vous le pouvez ou voulez. Votre partenaire tombera plus amoureux de vous, comprendra que vous êtes une personne de valeur parce que là, il sait à qui il a à faire et avec qui il est sur le point de s'engager.

Je me rappelle bien cette histoire de mon ami Momo qui était très amoureux d'une charmante créature qu'il a découverte lors d'une visite de travail qui l'amenait dans une petite ville. Cette créature s'appelait Solange et était la fille d'un conseiller municipal de cette ville. Ce dernier ayant été commis pour le suivi des travaux de réfection du Centre Hospitalier Préfectoral (CHP) qui siégeait dans la ville, a invité mon ami et toute son équipe technique pour un dîner de bienvenue à son domicile. Généreux et très hospitalier, le conseiller n'a pas hésité à présenter au Directeur des travaux, n'étant d'autre que mon ami Momo toute sa famille y compris sa deuxième fille Solange. Coup de foudre ou coup de phare, Solange était devenu plus appétissante à imaginer et à regarder que les jolis mets proposés par l'hôte. Il n'hésita pas à entrer en contacte avec elle et une histoire d'amour naquît. Ah ! Je déteste les histoires d'amour. Bon, ça c'est moi et ce n'était qu'une parenthèse. L'histoire ne prît de temps pour grandir. Avec sa voiture 4X4 blanche neuve, il ne lui fut aucun besoin de faire des efforts pour emballer la pauvre Solange. Celle-ci amoureuse des belles sorties et du lux, s'est vite retrouvée dans les mailles de Momo. Plus jeune que Momo, Solange était accrochée et avait trouvée pour ainsi dire son eldorado amoureux. Momo était devenu son "messie" ou ange gardien. Momo très accroché par la beauté et les belles courbures de Solange, n'arrivait pas à refuser quoi que ce soit qu'elle lui demandait. C'est ainsi qu'elle pouvait même l'appeler à tout moment même en temps de plein travail, qu'il laissera son travail pour satisfaire aux besoins de sa dulcinée. Et cela, peu importe que ça lui plaise ou non. Ce qui lui coûta de véritables conséquences au rang duquel un avertissement de fin du contrat entre le maître d'ouvrage et son entreprise. Pour cause, une absence au cours d'une visite surprise d'une équipe de contrôle venue de la capitale pour l'évaluation de l'évolution des travaux, alors que sa nouvelle chérie venait juste de le faire déplacer, juste pour lui choisir une robe parmi les quatre pour lesquelles elle avait un dilemme. Son entreprise étant une des meilleures en termes de construction et avec son grand lac de relations, un simple mea-culpa a suffit pour remettre tout à l'ordre. Le pire arriva quand Solange devenait enceinte et qu'ils devaient se marier. Momo avait déjà une femme et deux(02) enfants qu'il n'avait jamais voulu avouer à Solange, de peur de la frustrer ou de se voir rejeter. Non seulement cela, quand la réelle vie de couple devrait commencée, Momo n'était plus assez présent comme il l'était au début de la relation. Pas parce qu'il ne le voulait pas, mais parce que c'était son train normal de vie. La vie d'un entrepreneur. Momo n'avait rien de romantique parce que son sens de professionnalisme lui a donné une carrure de manager plein ; alors qu'il avait tout fait pour paraitre romantique, histoire de juste gagner le cœur de Solange. Maintenant que tout se sait, Solange ne peut plus supporter. Mais elle n'a pas le choix. Elle s'est résiliée jusqu'à avoir un second enfant pour Momo malgré la situation.

Ne pouvant plus supporter tous ces évènements qui ne cessaient de subvenir au jour le jour et qui étaient très nouveaux à elle, Solange n'a eu d'autre choix que de demander le divorce. Une vie de gâchée, un rêve gâché juste à cause de la peur de dire la vérité, d'être soi-même ; Juste par peur de déplaire ou d'être frustré.

Apprendre à dire Non doit être une grande qualité du leader d'aujourd'hui ou de ce celui qui aspire à le devenir. La plupart des organisations ont échouées à cause de ce manque chez le leader. Que ce soit dans votre entreprise, dans votre association, dans votre famille ou même avec vos amis et familles, il est important de rester vous et d'apprendre à leur dire non quand il le faut. C'est une autre manifestation de votre considération ou de votre amour aux autres. Tout ce qui se fait sans amour ou contre volonté, n'a pas de véritable sens ou est dénué de toute grandeur ou réelle valeur. Quand il s'agit de prendre une décision, le leader doit être prêt à dire sa position tranchée. Il doit pouvoir dire qu'il n'est pas d'accord s'il ne l'est pas, demander de changer de stratégie s'il le faut, dire STOP! de temps en temps.

Non seulement cela renforce son estime vis-à-vis de son équipe, mais encore, il s'agit d'un moyen des plus efficaces pour former son équipe à s'auto questionner et à apprendre à faire mieux.

Très souvent, les gens sont guidés par les émotions. Et c'est la raison pour laquelle ils se négligent au profit de l'incertitude et de la peur. L'histoire de mon ami Momo et sa compagne Solange citée précédemment, montrent à suffisance cela. Momo n'agissait que sur un coup d'émotion. Il n'était guidé que par des émotions et non par ses objectifs futurs. Les gens ne sont pas très souvent concentrés sur leurs objectifs propres et sont distraits au quotidien.

La vie est courte et si vous avez un plan clair de votre vision, vos missions et vos objectifs pour le poste que vous occupez, la responsabilité qui vous incombe dans votre organisation, votre vie, votre famille etc, dire de temps en temps NON pour vous concentrer sur vos priorités ne serait pas un supplice pour vous. Je ne vous demande pas de vous renfermer sur vous ou de devenir égocentriques, mais de demeurer généreux tout en restant concentrés sur vos objectifs prioritairement. C'est vous d'abord. Personne ne viendra construire quoi que ce soit de votre vie, de votre vision d'impact pour le monde, de raison d'être à votre place. Ni votre papa, maman, oncle, meilleur ami, coach, mentor ou votre merveilleuse équipe. Il vous revient à vous et à vous seul de le faire. Tout débute par toi !

Pour atteindre le bonheur, la réussite ou l'épanouissement dans différents aspects de notre vie, il est impératif que nous ayons une connaissance profonde de notre propre fonctionnement. Vous connaitre, savoir d'où vous venez et où vous allez. Un adage le dit si bien, « si vous ne savez pas d'où vous venez, sachez au moins où vous allez ». C'est ainsi que je t'offre quelques réflexions reçues d'un de mes meilleures aides en matière de coaching en leadership, Chico CISSOKO, auteur du célèbre ouvrage " Start With-In to start winning". Ces réflexions vous permettront de calmer votre esprit, développer une vision claire de votre vie ou votre carrière et d'avoir le contrôle sur vos choix.

1 Pourquoi existes-tu ?

C'est la question la plus importante de notre vie. Pourtant, peu d'entre nous avons une réponse claire, nette et concise pour expliquer la raison profonde pour laquelle nous vivons. Vous, là où vous êtes actuellement, en ce temps précis, je vous pose la question. Faites une pause et répondez moi dans les dix secondes qui suivent : Pourquoi existez-vous ?

Difficile n'est-ce pas ? Mais je vous convie à faire maintenant de façon bien réfléchie et pausée l'exercice. Pourquoi existez-vous ?

En répondant à cette question, tu trouveras la raison pour laquelle Dieu t'a créé et ce qu'il attend de toi. Vas au tréfonds de toi et sors la réponse. C'est vital.

Pourquoi suis-je sur la terre ? Pourquoi suis-je porté leader de mon équipe, Président Directeur Général de cette société ? Pourquoi suis-je dans cette ville, dans ce pays ? Pourquoi suis-je un garçon, une fille ? Pourquoi, pourquoi, pourquoi, pourquoi.....

C'est cette raison qui te permettra de dire NON à ta famille, tes ami(e)s, tes collègues, tes partenaires sans te culpabiliser. Car à partir de cet instant, si jamais tu dois faire quoique ce soit dans ta vie, ça doit être aligné avec ta raison de vivre. Le cas contraire, ne le fais pas tout simplement. Sinon, ça ne t'amènera qu'à des désagréments, frustrations et regrets.

2. Créer son futur

Maintenant que tu sais ou as une idée de ce pourquoi tu es sur terre, il est temps de créer ton futur. Rêver debout est inutile, si l'on n'a pas l'intention de courir vers ses rêves. C'est pourquoi, il est important d'élaborer un plan pour ses rêves et de ne poursuivre que les rêves et actions qui s'alignent avec la raison pour laquelle nous sommes sur terre.

Comment planifier son futur ?

Evidemment que vous vous ayez posés cette question.

Il faut tout d'abord définir clairement ce que vous souhaiteriez que le monde dise de vous dans le futur dans votre localité de naissance, dans votre pays, sur votre continent ou dans le monde entier. Tout dépend de vos objectifs. Ensuite, planifier vos actions afin de devenir la personne qui peut réaliser cette vision. La planification fera entrer plusieurs paramètres notamment qui vous aidera à faire quoi à tel point de vos objectifs, quel environnement est propice pour la réalisation de telle phase de votre vision etc, mais, dans tous les cas, vous devriez demeurer le chef d'orchestre. C'est vous qui maîtrisez la technique du jeu pour réaliser la vision et seulement vous qui devriez rester l'arbitre et celui qui distribue les cartes.

Prenez le temps d'écrire en deux ou quatre paragraphes votre vision dans dix ans, dans cinq ans, dans trois ans, à la fin de cette année et dans les cent prochains jours à partir d'aujourd'hui.

Dans dix ans si quelqu'un cherchait votre nom sur internet (n'oublions pas que c'est le meilleur outil pour connaitre la popularité ou les impacts réalisés par personne de nos jours), sur Wikipédia par exemple, que voudriez-vous qui soit écrit sur votre personne, vos accomplissements, votre famille, vos activités, votre philosophie, votre impact sur la société, votre industrie, votre pays, etc ?

...Pareil dans cinq ans...

Dans trois ans, si un(e) journaliste célèbre décidait d'écrire un article sur toi dans le journal national ou international, que souhaiterais-tu qu'il (elle) écrive sur toi?

En fin décembre cette année, si un étranger venait dans ta ville, ton quartier, ta famille, que souhaiterais tu qu'on lui dise de toi ?

Dans les cent prochains jours, que souhaiterais-tu entendre de tes collègues, tes proches et tes ennemis de la personne que tu es devenu ?

Après avoir écrit ta vision pour chacune de ces périodes de ta vie, prends le temps d'observer les actions précises à entreprendre, les objectifs précis à atteindre graduellement, les réalisations, attentes, les personnes impliquées, les activités dont tu as besoin durant chaque saison ou période.

Vous devriez reprendre cette planification à la fin de la période la plus élevée, c'est-à-dire après chaque dix an subséquemment à une auto-évaluation pour de nouveaux objectifs. Il est mieux de poursuivre un objectif dont on est certain de pouvoir réaliser en cent jours, que de poursuivre dix différents buts à réaliser au bout d'une année et qui ont une probabilité exponentielle d'échec dans la plupart des cas. Trois objectifs atteints en trois cent jours mènent à une année réussie !

Ce faisant, vous verrez comment vous avez beaucoup à faire et que chaque minute perdue va à votre encontre. Vous n'aurez pas d'excuses valables. Vous n'aurez pas de chance de blâmer qui que ce soit. La seule solution, c'est d'être tellement occupé à réaliser ses objectifs que vous oubliez même toute source de distraction. Continuer par remettre à demain ce que vous pouvez faire tout à l'heure et maintenant, c'est minimiser l'énormité du temps que vous perdez en disant avec fermeté et en tout temps un OUI continuel, et renforcer ainsi votre culte de la procrastination. C'est le grand chemin des peurs et de l'inaction ; qui dit inaction, dit enterrement du succès ou de votre impact voulu ou la réalisation de votre vision ; et c'est elle qui gouverne le monde.

La définition classique de la procrastination dit qu'elle (du latin pro, qui signifie «en avant » et crastina qui signifie « du lendemain ») est une tendance à remettre systématiquement au lendemain des actions (qu'elles soient limitées à un domaine précis de la vie quotidienne ou non). Toutefois, cela ne signifie pas ne rien faire ; au contraire, le procrastinateur peut être pris d'une véritable frénésie d'activités (aller faire des courses avec des ami(e)s, aider le voisin à entamer un grand ménage pendant les vacances, prendre des nouvelles de la grand-mère, faire de la maintenance informatique alors qu'il a une vision de devenir un juriste confirmé et a pourtant un contrôle la semaine prochaine à la Faculté etc), tant que celles-ci ne possèdent aucun rapport avec la tâche prioritaire ou problématique. Essayons de comprendre les raisons de la procrastination issues des travaux de la psychologue Estelle COUDRY qu'elle a retracées dans son eBook "Gestion du temps" que j'ai eu le plaisir de parcourir et qui m'a beaucoup aidé. Selon elle, il existe principalement sept raisons pour lesquelles vous remettez tout au lendemain.

1. Parce qu'il y a toujours quelque chose pour vous distraire.

Piers Steel, psychologue canadien, qui a mené pendant dix ans une enquête sur le sujet est parvenu à la conclusion suivante : Non seulement la procrastination nous rend plus gros, plus bête et impuissant, mais elle gagne du terrain. Selon Piers Steel, en 1978, seulement 5% d'Américains se disaient procrastinateurs. Ils sont aujourd'hui près de 30%. A quoi est due une telle explosion ? Pour le psychologue, la raison est simple. Elle prend la forme d'un iPad, d'une console de jeu, d'un lecteur de DVD, cela dépend des cas. En clair, la technologie nous distrait, nous empêche d'être efficaces et nous amène sans le savoir à dire NON à notre propre réalisation et celle de nos objectifs.

2. Parce que certaines choses n'ont pas tellement d'importance.

Le blogueur anglais Paul Graham, rappelle qu'il y a deux(02) types de procrastinations :

La mauvaise et la bonne. Vous vous demandez surement comment ça la bonne ? Selon lui, la procrastination peut être bonne si elle nous fait remettre à plus tard des petits travaux pas très importants au profit d'une tâche primordiale. Imaginez donc. Vous êtes sur le point de découvrir un vaccin révolutionnaire contre la Covid-19 et quelque chose vous trotte dans la tête : Vous avez oublié de vider la litière du chat, qui a tendance à se montrer délicat au lendemain. Avec la procrastination, la litière du chat elle attendra ! Et adieu aux confinements et cache-nez.

Bref, selon Paul Graham la majorité des choses que l'on remet à plus tard sont dénuées d'importance. Une manière de voir le verre à moitié plein. Il s'agit là de tâches qui ne seront jamais mentionnées dans votre nécrologie, explique-t-il. « Sur le moment, il est difficile de savoir ce qui est le plus important, mais il y a toute une série de tâches qui peuvent aisément être mises de côté : se raser, faire la lessive, faire le ménage, écrire des notes de remerciements, faire une visite de courtoisie aux voisins... »

Et Paul Graham d'ajouter que les personnes sachant remettre ces petites tâches à plus tard sont celles qui réussissent le mieux.

3. Parce que vous pensez que les petites choses peuvent se régler en une minute.

Les personnes qui procrastinent, ont souvent tendance à croire que les tâches que l'on remet à plus tard sont souvent les moins importantes. Pour cette raison, ils ont tendance à penser qu'elles ne seront pas longues à remplir, et donc qu'on pourra s'en occuper au dernier moment. Le mal, c'est qu'on serait tous très mauvais pour évaluer les durées, selon une étude effectuée par le ministère américain du travail. Il s'agit d'une erreur de planification, la raison pour laquelle on finit par ne pas faire du tout les petits travaux parce qu'on n'a simplement plus le temps !

4. Parce que vous êtes tout simplement né(e) comme ça

Une étude publiée dans la revue "Journal of Clinical and Experimental Neuropsychology" a montrée que les procrastinateurs, une tribu qui compte de nouveaux membres chaque jour seraient probablement aussi sujets à des problèmes de self-control, d'entrain et de concentration. Les chercheurs vont même plus loin : Selon eux, ces déficiences seraient dues à des différences dans la constitution du cerveau (en particulier dans le cortex préfrontal).

5. Parce que vous êtes un(e) jouisseur(e) invétéré(e)

Estelle COUDRY donne l'exemple suivant. Il est 20h Vous êtes sur votre canapé avec votre compagne ou compagnon et vous décidez de regarder un film. Au choix, une comédie qui ne paie pas de mine mais vous permettra de vider la tête ou une palme d'or un peu lente, un peu intellectuelle sur les bords, et qu'il fait bon mentionner dans les dîners. Le choix est vite fait : c'est le plutôt la comédie, même un peu nulle, qui comptera votre faveur quoi qu'il arrive. Et le chef-d'œuvre du beau palm d'or sera, inéluctablement, relégué aux oubliettes. Pourquoi ? Parce que, même quand il s'agit d'une activité agréable comme le visionnage d'un film on veut prendre du plaisir immédiatement. Le film intellectuel requiert une certaine dose de concentration et d'adéquation, un effort qu'on n'est souvent pas prêt à fournir, le soir, sur le canapé, en compagnie d'un gros pot de Nutella ; qu'on n'est pas prêt à fournir tout court.

6. Parce que vous manquez peut-être d'un peu de confiance en vous

Des chercheurs de l'université DePaul, à Chicago, ont trouvé des liens entre la procrastination et le manque de confiance. Un lien logique, en somme : Les personnes ayant le moins confiance en elles auraient tendance à se montrer défaitistes, et donc à remettre leurs tâches à plus tard par peur de les rater. Joseph Ferrari, qui a mené l'étude, explique : « Il ne s'agit pas ici de mauvaise gestion du temps. Dire à un procrastinateur chronique de faire quelque chose, c'est un peu demander à un dépressif d'avoir le moral. » Ainsi, plus un étudiant devient anxieux vis-à-vis de ses examens, plus il est à même de reporter ses révisions, et donc de rentrer dans un cercle vicieux : remettre les choses les plus dures à plus tard et ne plus avoir assez de temps pour les compléter.

7. Parce que vous comptez trop sur les autres.

C'est un peu le sempiternel débat entre l'homme qui construit son bonheur par lui-même et celui qui a besoin des autres. On croit tous qu'avoir une tierce personne pour nous épauler dans nos projets nous aiderait à travailler, perdre du poids, écrire son autobiographie... En réalité, une étude de 2011, publiée dans le Wall Street Journal montre que cette personne aurait plutôt tendance à nous ralentir dans notre progression. La raison ? Le fait de reposer moralement sur quelqu'un d'autre nous empêcherait d'aller de l'avant et nous éviterait en plus de culpabiliser si l'on ne fait rien. « Ce n'est pas grave, tu y arriveras bientôt », « La bataille est perdue, pas la guerre », répètent les amis. Du coup, apaisé par cette espèce de baume spirituel, on ne fait rien. Et au final, la guerre est perdue.

Chacun s'est retrouvé certainement dans ce schéma. Et maintenant, ne pas pouvoir poser des limites aux autres et dire "ça suffit" au moment de le faire c'est se pénaliser soi-même. Ayez le courage de dire "les ami(e)s je vous aime bien mais il faut que je finisse mon livre cette semaine, il faut que j'aille étudier ce soir. Alors, je prendrai mon verre avec vous prochainement." Ils ne vous tueront pas, ils ne vous abandonneront pas. Vous ne faites que leur dire que vous aimez bien leur invitation, mais que ce soir vous n'êtes pas disponible. Ou votre collègue de bureau vous sollicite pour un coup de main alors que vous êtes sur un dossier que vous avez programmé rendre à votre supérieur avant un délai donné. Dites tout simplement à votre collègue, "d'accord M. Florent je vous aiderai, et surtout que je suis actuellement sur un dossier que je dois rendre demain, si tu permets, je t'apporterai ce coup de main volontier dès que je rends le travail demain, ou mieux, on pourra trouver un petit temps à la pause pour y réfléchir ensemble". Toutefois, s'il s'agit d'un petit coup de main qui ne prendra que quelques secondes ou minutes, faites le rapidement, sans en faire trop, ou verser dans la diversion ou la distraction. N'oubliez surtout pas que les relations humaines sont aussi très importantes pour rendre votre vie épanouie et réussie. Mais dès que vous finissez de rendre ce service, quittez immédiatement votre ami ou les lieux et retournez à votre projet. En osant dire NON au moment important au profit de votre projet ou de vos objectifs, vous taillez ainsi un boulevard de réussite à vous-même.

« Tu dois être quelqu'un avec beaucoup de force pour t'asseoir avec soi-même et faire face à ta tornade interne de questions.

Tu dois être quelqu'un avec énormément d'humilité pour admettre tes lacunes, tes problèmes et décider de leur trouver des réponses, des solutions.

Tu dois être quelqu'un avec une certaine sagesse pour reconnaitre qu'il y a du bon dans le changement.

Un très beau périple qu'est de devenir meilleur, et c'est ce que tu es en train de faire, c'est très courageux et admirable. »

Carlos KAFU

Chapitre 4

Le chemin de l'éthique : Semez la redevabilité.

« La redevabilité est l'épée de Damoclès contre les abus de toutes sortes. Sa faiblesse éventuelle aura des effets négatifs sur l'ensemble du processus de lutte contre la corruption et la gabegie. Elle ne doit plus être simplement un concept. Elle doit être un outil pour avancer dans le développement »

Auteur inconnu

La mise en œuvre d'une bonne gouvernance à tous les niveaux de nos jours est confronté à des défis importants; Le leadership est miné par la corruption, le clientélisme, le népotisme, bref le manque énorme d'éthique. L'une des meilleures armes de lutte contre ces fléaux est de renforcer la "redevabilité" des leaders.

Mais que signifie exactement ce concept ?

Selon Larousse est redevable qui doit un avantage, une faveur ou, ironiquement, un désavantage à quelqu'un.

La redevabilité se définit donc comme l'obligation de rendre compte de l'exercice d'une responsabilité : Elle est externe lorsque vous devriez rendre des comptes à une autre personne extérieure à la personne tenue pour responsable"; Elle consiste en une interaction et un échange: un côté cherche des réponses et des rectifications tandis que l'autre répond et accepte les sanctions"; L'agent tenu responsable est- il toujours directement au service de celui demandant des comptes ? Non.

La redevabilité peut ou non appeler « un droit d'autorité »: ceux qui demandent des comptes ne sont pas forcément ceux qui assument l'autorité supérieure sur ceux qui les rendent" (Mulgan, 2000: 555). La redevabilité est verticale lorsqu'elle est entre personnes de niveaux différents et horizontale lorsqu'elle est entre personnes de même niveau.

Ce qu'elle n'est pas.

L'obligation de rendre ton rapport à ton chef parce que tu dépends hiérarchiquement de lui. L'obligation de « rendre compte » à une personne qui vous fait une faveur, (Exigence de venir de temps en temps rendre compte après des nominations à des postes « juteux » dans l'entreprise ou à un poste dans votre organisation).

Pourquoi est-il important pour vous leader de semer la redevabilité sur votre chemin de leader d'impact ?

Il existe au sein de chaque société un contrat écrit ou tacite entre les membres, d'une part, et leurs délégués ou gouvernants, d'autre part; pacte en vertu duquel ces derniers sont redevables de: Leur conduite, c'est-à-dire leur attitude dans la recherche de l'atteinte des objectifs doit refléter les valeurs portées par l'institution qu'ils dirigent (l'efficience) ; de leurs résultats c'est-à-dire l'atteinte ou non des objectifs qui leur sont assignés, (l'efficacité).

Par conséquent, le coût de la non redevabilité est élevé pour la société. Sur le plan économique, on assiste à une évasion des finances de l'organisation, une mauvaise allocation des ressources, la fuite des capitaux. Sur le plan social, la culture de la non-redevabilité réduit le sens moral, civique et favorise la paupérisation des couches vulnérables. Sur le plan institutionnel, elle provoque la destruction des systèmes de légitimation de votre autorité à tous les niveaux et accentue l'instabilité des institutions de votre organisation;

La mise en œuvre de la redevabilité varie suivant les secteurs. Cependant il existe des principes fondamentaux et transversaux qui devraient gouverner toutes politiques de redevabilité quel que soit le secteur:

La transparence: vous devriez rendre accessibles les règles de votre organisation aux membres en les publiant régulièrement et les appliquer de manière uniforme et cohérente.

La participation: Faites participer les gens à la définition des objectifs. Vous devrez encourager les interlocuteurs ou ceux que vous dirigez à une collaboration (inclusive et non élitiste) dans la définition des objectifs qui les affectent. Du plus bas dans la hiérarchie jusqu'au plus élevé, vous devriez les impliquer au quotidien dans la prise des décisions qui destinent l'organisation vers l'accomplissement de sa vision. Vous verrez la magie qui se produira en termes de résultats et d'engouement dans votre organisation quand vous appliquerez ce principe. D'habitude les gens oublient ceux qui les ont portés à un poste de leadership quand ils accèdent à la tête de l'organisation. Ce sont les hommes qui vous ont porté à la position de leader à laquelle vous êtes aujourd'hui ou aspirez à être, il est impératif que vous demeuriez humain envers eux. Une fois qu'ils font partie de votre équipe, ils ont énormément à apporter dans l'atteinte de la vision commune. Vous n'avez aucun intérêt à vous le jouer solo. Par extension, si c'est une population qui vous a porté là où vous êtes, il est impérieux de l'associer en amont à toute action que vous pensez mener dans son intérêt actuel ou futur. Les enquêtes, les consultations sont de meilleurs moyens pour cette fin. D'habitude, l'échec des organisations est une résultante de la coupure de ce cordon essentiel entre le leader et son équipe ou ses sujets. Vous, vous devriez faire autrement sur votre chemin de leader d'impact. Vos collaborateurs n'attendent que l'expression de votre confiance envers eux pour sortir leur géni. Une chose que j'ai observé chez plusieurs leaders est qu'arrivés à cette position, ils ont l'impression d'avoir sur leur tête seule, toute la responsabilité de leur organisation. Conséquence, ils cavalent constamment, veulent être sur tous les fronts, veulent faire tout seuls en oubliant que chaque membre de leur équipe est une part indissociable dans les actions de son organisation. Ils ne sont pas là pour vous applaudir ou comme de simples spectateurs ; c'est votre responsabilité de leur laisser le champ et les convaincre que leur contribution est importante. C'est en définitive le rôle du leader d'impact : il ne fait rien de lui-même mais coach, forme, convainc ses collaborateurs à œuvrer pour l'atteinte de la vision. Si vous ne procédez pas ainsi en tant que leader, vous auriez trahit littéralement la vocation d'un leader d'impact. Semez la redevabilité, montrez à votre équipe combien leur point de vues, leur apport importe. Ils seront rassurés qu'ils pourront grandir à vos côtés, seront prêts à tous sacrifices pour vous ; ils vous aimeront, ils vous embrasseront, votre impact sera un impact excellent et inoubliable dans leur vie, dans votre organisation, dans votre communauté.

L'évaluation : Vous devriez mettre sur place tous les dispositifs possibles pour contrôler les activités de votre organisation. S'arrêter à tout moment pour mesurer la conformité ou la performance (ce qui marche ou a marché, ce qui ne fonctionne pas ou n'a pas fonctionné) afin de s'assurer de l'amélioration continue.

Il est tout aussi important de s'évaluer que de se faire évaluer. Demandez à votre chauffeur, ce qu'il pense de votre manière de diriger, de vos rendements etc. Faites une liste de vos points d'évaluation personnelle. Sur les finances, votre leadership, votre personnalité, l'impact de vos actions sur vous-même, sur vos collaborateurs, sur votre organisation, sur votre communauté etc. Attribuez-vous une note sur 10 pour chaque point. Faites la moyenne et voyez combien votre leadership est efficace. Ce n'est pas juste un principe mais ce sont des actes. Si vous le faites, vous ne seriez que meilleur du point de vue de tous ceux qui vous observent et vous suivent.

Retour d'informations : Les réclamations et réponses dont il est question ici restent l'espace nécessaire aux administrés de remettre en question les décisions qui les concernent et de demander des comptes au leader. Vous êtes le leader de votre organisation, le numéro 1, oui, mais écoutez les autres. C'est pour eux et à cause d'eux que vous êtes leader. Vous perdrez de chemin et de mission si vous ne les écoutez pas. Mais il ne s'agit pas d'écouter parce qu'il faut écouter, mais écouter pour répondre à leurs inquiétudes. Reconnaissez quand ça ne va pas et il vous faudra assez d'humilité pour y arriver. L'écoute est la grande qualité des leaders d'impact de tous les temps. Ils écoutent car étant conscients qu'ils ne sont que l'arme qui servira à atteindre l'objectif commun. L'humain est au centre de leur leadership. L'humilité en face de l'humanité, voilà de quoi il s'agit. Je me rappelle bien de cette anecdote de ma grand-mère qui me dit « ce n'est pour rien que l'homme a deux oreilles et une bouche. C'est intentionnellement fait par Dieu et cela signifie tout simplement qu'il faut écouter deux fois que parler ».

Le leadership ne devient effectif que lorsque les gens peuvent constater par eux-mêmes la façon dont une personne guidée par sa conscience donne l'exemple de la recherche du chemin, de l'alignement et de la responsabilisation. Ils se sentent alors respectés et appréciés. Juste parce que leurs opinions sont recherchées. Ce qu'ils suggèrent est respecté. La valeur de leur expérience particulière est reconnue. Ils sont automatiquement impliqués dans la recherche du chemin. Ce sont des participants. Ils n'entendent pas seulement parler de la déclaration de mission. Ils aident à la développer. Ou si la déclaration de la mission a été développé précédemment, ils les adoptent parce qu'ils en font le choix conscient avant de rejoindre l'organisation ou à cause de leur admiration pour le leader exemplaire.

Vous pourriez utiliser les dispositions pratiques suivantes pour renforcer vos compétences de base pour une bonne application de ce principe.

1 La clarification : Nous avons été assez longtemps amenés à croire que le professionnalisme consiste seulement à faire les choses conformément aux règles théoriques que nous apprenons dans les universités ou dans les centres de formation professionnelle. Alors que le langage professionnel qui y est enseigné n'est compris que de ceux qui peuvent le comprendre. Celui qui a très peu été à l'école ou n'a pas un niveau donné, est difficilement à même de comprendre. Ce qui est également vrai, s'agissant des messages envoyés par les leaders dans le but de donner une information ou s'enquérir d'une information auprès de son équipe ou ses suiveurs ou même sa communauté. Ces dernières sont obligées de donner un retour. Et ce retour ne peut être bien formé et adéquat que lorsqu'il est fait sur un message bien clair. Vous n'avez pas besoin d'employer les gros termes nouveaux du dictionnaire ou même des logiques savantes pour montrer votre niveau d'instruction ou d'expertise. A quoi servirait un message bien formulé et lourd sur la forme, si

le fond n'est pas bien compris par le destinataire ? Rien ! Me diriez-vous ! Alors, si vous voulez des retours sur information répondants à vos attentes, il est tout important de parler dans un langage compréhensible à tout le monde et qui est au niveau de tout le monde. Pas des messages qui donneront besoin de faire appel à un tiers pour être clarifié. De même, vous vous devriez de bien comprendre le retour qui vous arrive. Assurez-vous que vous comprenez bien et que vous avez bien compris. Posez des questions d'éclaircissement s'il le faut. Les gens sont d'habitude très contents de s'expliquer et de donner des détails sur leurs idées.

2 L'écoute active : Observez attentivement vos interlocuteurs de sorte à mettre en œuvre votre capacité de saisir les sentiments, les valeurs, les réelles préoccupations et les attentes de l'autre dans l'interaction. Dans 80% des cas, les gens cachent leur réelle intention dans leurs sentiments. Il vous faudra développer une attention particulière et montrer votre empathie pour cerner tout le contour du message de votre interlocuteur. Personne n'aime celui qui écoute peu et parle plus. Tout le monde a besoin d'être bien écouté quand il parle. Et qui se rassure devant vous que ce besoin est satisfait, vous aimera plus, s'ouvrira plus à vous et vous en dira plus sur le sujet. Alors écoutez, écoutez, écoutez. Ne fuyez pas du regard de l'autre quand vous lui parlez ou quand il vous parle, ni vous concentrer sur autre chose. Cette dernière peut avoir son temps après votre conversation. Il est malheureusement récurrent de constater de nos jours, avec l'évolution

accrue de la technologie, l'effet de d'accrochage technologique qui force la plupart à regarder plus les écrans que les regards des autres. Ceci, même quand ils sont appelés à communiquer en tant que responsables et en pleines discussions. Il est important pour le leader qui veut avoir un bon retour d'informations (reçues ou envoyées), d'arriver à se dissocier de cette alliance technologique non voulue. Les humains devront être sa priorité en toute chose et ainsi, faire une cuire de technologie pendant un temps, surtout celui des communications.

3 L'influence : développez la capacité d'inciter votre interlocuteur à adapter votre point de vue tout en demeurant intègre et fiable. Il n'ya rien de plus frustrant que de se savoir être en train d'accepter une chose par imposition. Le compromis doit être la règle. Vous avez besoin de faire passer votre point de vue qui est dans votre plan stratégique pour atteindre votre objectif. L'égo de l'autre ne lui donnera pas l'occasion d'exécuter ou d'accepter avec tout cœur léger l'information que vous lui apporter sans prise en compte de son opinion ou de ses sentiments. Il est plus facile à celui-là d'exécuter avec toute énergie et enthousiasme l'information que vous lui apportez, s'il a contribué à la prise de cette décision, ou a été lui-même le vecteur de l'accord sur votre point de vue. Cela nécessite assez de patience, d'explications du bienfait de votre opinion pour la réalisation de la vision commune ou l'objectif. Par exemple, s'il s'agit d'un point de vue qui vient contredire le sien et que vous pensez quand même meilleure solution, vous n'avez pas à lui dire directement que vous n'êtes pas d'accord ou que son point de vue est faux. Faites lui comprendre que vous avez apprécié les énormes efforts qu'il fait

quand il s'agit d'apporter des idées. Toutefois, vous pensez aussi que si vous faisiez ainsi (votre point de vue), l'impact serait plus observable. Demandez lui ce qu'il en pense et faites de sorte à concentrer la suite de vos échanges sur votre point de vue. Parfois, il n'est point besoin que vous disiez directement "non" avant que l'autre ne comprenne que vous rejetez son opinion. Un simple "mais" entre votre réponse à son point de vue et vos arguments, suffit. Alors prenez le temps de vous assurer que l'autre a compris que vous reconnaissez ses efforts et le conduire tout doucement vers votre opinion propre. Ecouter et comprendre est tout aussi important que parler et se faire comprendre. Nul besoin de motiver votre collaborateur ou d'expliquer à longueur de temps la proposition. Il se sentira à l'évidence au même niveau d'information, appréciera votre sens d'intégrité et de redevabilité et vous fournira ces deux qualités en retour.

La transparence et la divulgation de l'information permettent de se rendre compte de ce qui se passe dans les coulisses du pouvoir et constituent un éclairage sur les activités du leader. Cependant elles ne suffisent pas pour produire les réaction-réponses nécessaires et variables de tout système de redevabilité. Le leader, à quelque échelle qu'il soit, doit stimuler de façon plus directe la participation de l'équipe ou de la communauté qu'il administre, et institutionnaliser des dispositifs qui lui permettent d'interagir avec cette dernière. Cette sensibilisation doit être intégrée dans le système d'éducation de votre organisation. Vous devriez les aider très tôt dans vos actions à prendre les plus grandes résolutions et à s'engager à briser la chaîne de la non redevabilité.

Chapitre 5

Le chemin de l'attitude verte

« Les problèmes du monde ne peuvent être résolus par des sceptiques ou des cyniques dont les horizons se limitent aux réalités évidentes. Nous avons besoin d'hommes capables d'imaginer ce qui n'a jamais existé »

John F. Kennedy

L'humanité est arrivée à une étape assez alarmante qui nous fait refléter un avenir qui laisse des débats. La terre n'est plus vraiment ce qu'elle était hier, et l'homme est devenu sa propre menace. La vitesse d'évolution de la technologie est sans précédent ; dans le domaine agricole par exemple, les innovations récentes ne sont pas sans incidence sur l'avenir de la terre. La conséquence directe est que, les consommateurs de ces innovations ou transformations sont ignorants pour la plupart des conséquences que cela peut avoir sur eux même et sur leur environnement immédiat et global.

L'humain ne cesse de tester son niveau intellectuel et jusqu'où il peut transformer le monde en un ''village planétaire''. Très récemment je discutais avec un ami des grandes découvertes faites ces dernières décennies et qui ont changées considérablement l'allure de l'humanité. Des explorations de l'univers ne cessent d'être faites pour des découvertes aussi étonnantes qu'émerveillantes. Il faisait même une plaisanterie en exprimant sa crainte qu'un jour les explorateurs de l'univers aillent dénicher un monde d'extra-terrestres plus puissants que les humains et qui viendraient prendre la terre comme un terrain d'expérimentation et de chasse. Personne ne sera épargné dans ce cas. Ni grand ni petit, ni riche ni pauvre. D'ailleurs il peut arriver qu'ils vous arrachent de votre véhicule de millions d'euros comme dans une boîte de conserve et vous mettent dans leur sac de chasse. Juste pour rire. Ou même une erreur chimique dans un laboratoire sur un virus puissant peut constituer la fin imminente de l'humanité. Et ceci sans considération aucune de votre rang social ni d'appartenance sociale.

Il est important au leader d'aujourd'hui et de demain d'être regardant sur ces risques et d'adopter en tout temps et en tout lieu une attitude verte. Il s'agit tout simplement de penser à l'environnement dans ses actions d'impact ou d'inclure dans chacun des processus de fabrication de produits issus de son organisation ou d'innovation, des intentions et actions de protection de l'environnement. Je ne sais pas ce qui vous donne du piment aux yeux actuellement et pour lequel vous voudriez vous engager à lutter pour laisser un impact. La bonne nouvelle c'est que vous devriez adopter cet esprit d'attitude verte, peu importe le domaine dans lequel vous voudriez faire cet impact. L'impact étant par définition une collision entre deux corps laissant des traces définitives sur l'un ou les deux. Je parle ici, précisément, de l'impact solidaire où votre impact peut être social, économique ou environnemental. Que ce soit dans le domaine de la technologie, de l'information, de l'agriculture, de la mécanique, civique, commercial, de l'habitat etc. Vous devriez laisser également cet impact qui permet de sauvegarder la belle nature et vivable pour les générations à venir.

Laissez des empreintes écologiques partout où vous passez. Je vous conseille tout simplement ceci. Après avoir ficelé votre idée à impact, mettez-la sur une balance à deux palettes. Sur une palette, votre idée à impact, et sur l'autre l'impact environnemental. Si les effets environnementaux négatifs de votre projet pèsent plus que l'impact de votre projet lui-même, ne le faites pas. Félicitez-vous de votre victoire à avoir découvert une idée impactante. Si elle peut être améliorée en vue d'un renversement du poids sur la balance, alors allez-y. le cas contraire, invitez les médias, présentez votre projet et dites leurs que malheureusement, après mesurage de votre idée quand bien même impactante, votre attachement à l'attitude verte vous contraint à ne pas passer à sa réalisation ou concrétisation. Vous auriez gagné une récompense assez grande. Celle la qui vous fait préserver votre dignité face à la nature et aux humains. Les gens vous honoreront et vous gagnerez en crédit auprès de vos collaborateurs et de votre communauté.

« Quand un homme devient meilleur, il comprend de plus en plus clairement le mal qui subsiste en lui. Quand un homme devient plus mauvais, il comprend de moins en moins le mal qui est en lui. Un homme modérément mauvais sait qu'il n'est pas très bon ; un homme complètement mauvais pense qu'il est très bien. C'est du bon sens à vrai dire. Vous comprenez le

sommeil quand vous êtes éveillé, non quand vous dormez. Vous pouvez voir les erreurs d'arithmétique quand votre intellect fonctionne correctement ; en les faisant vous ne pouvez pas les voir. Les bonnes personnes connaissent le bien et le mal ; les mauvaises personnes ne connaissent ni l'un ni l'autre.»

C. S. LEWIS

MIX
Papier aus verantwortungsvollen Quellen
Paper from responsible sources
FSC® C105338

Printed by Books on Demand GmbH, Norderstedt / Germany